Quiero viajar

Lauren Robbins
Traducción/Adaptación de Lada J. Kratky

Quiero viajar a cualquier lugar

por tierra, por aire, por mar.

Quiero viajar en autobús

o en metro, ¡si hay buena luz!

Quiero viajar en avión

de mi casa a cualquier rincón.

Quiero viajar en tren.

Por la ventana se ve muy bien.

Quiero viajar en yate o en bote.

No importa, con tal que flote.

Quiero viajar en autobús y en tren,

en avión y en velero también.

Quiero viajar, salir a explorar...

y sé que me encantaría

¡viajar en cohete algún día!

Walla Walla
County Libraries